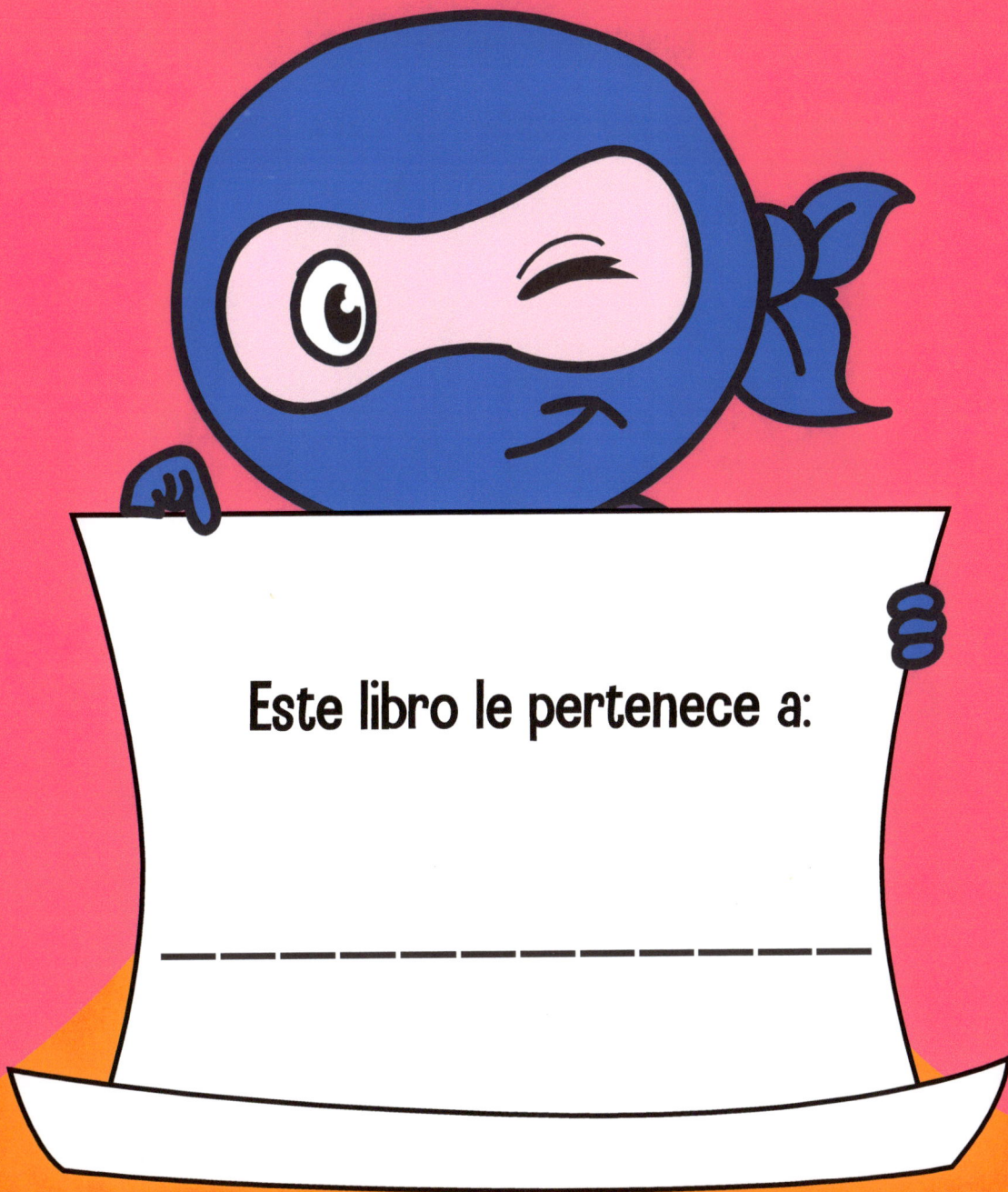

Este libro le pertenece a:

_____

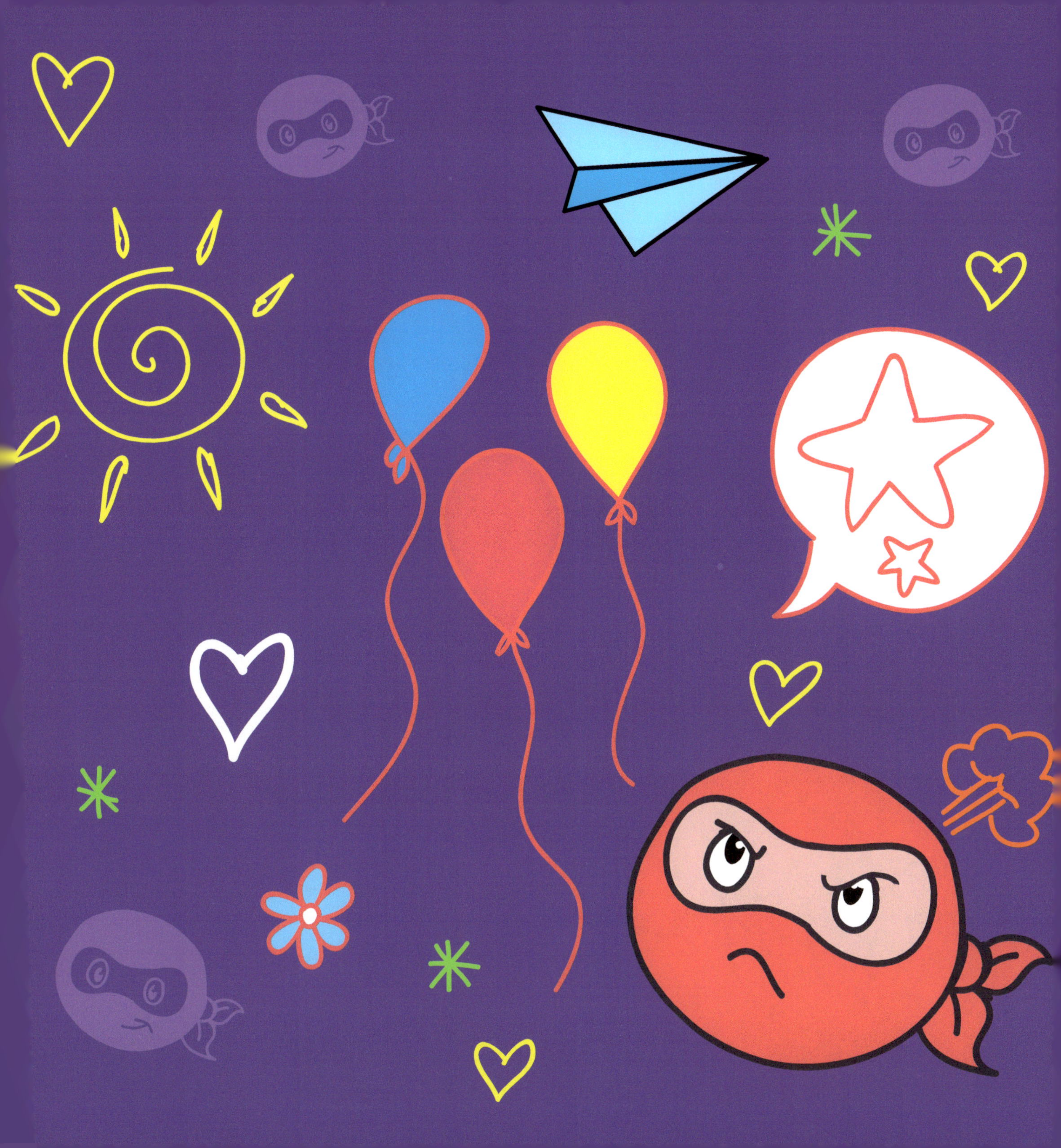

Este libro está dedicado a mis hijos – Mikey, Kobe y Jojo.

Ninja Life Hacks™

El Ninja Organizado

Por Mary Nhin

Cuando llegó el Ninja Ansioso, decidimos jugar a las damas.

¿Dónde dejé mi tableto de damas?
Ninja Organizado, ¿cuándo fue la última vez que jugaste con el?
No, me acuerdo.

Ohhhh, ¿puedes compartirlos por favor?
Sí… claro. Se llama la estrategia de CCL.

Y, son así:

Colecciones

Categorías

Listas

Una forma de mantenerse organizado es a través de colecciones.

¿Colecciones? ¿Qué es eso?

¡Ay!

¡Las colecciones son tan divertidas!
Aquí está mi colección de legos.

Tengo muchas colecciones diferentes.
Colecciono piedras, botones y monedas.

Otra cosa que hago es usar categorías.

DULCES

PASTA

LATAS

Las listas son otra forma de mantenerme organizado.

Cuando tengo que hacer una gran tarea como limpiar mi habitación, hago una lista de verificación.

juguetes

2 juguetes

Limpiar mi habitación
-Hacer la cama.
-Sacar la basura.
-Recoger la ropa sucia.
-Organizar los juguetes.
-Limpiar el polvo del tocador.

Estaba tan feliz de poder ayudar a mi
amigo compartiendo la estrategia de CCL.

JUGAR

LEGO

Más tarde ese día, organizamos nuestras habitaciones y las salas de juegos.

No pensé que organizar sería divertido, ¡pero lo es! ¡Gracias por enseñarme a ser más organizado!
¡Es un placer!

Recordar la estrategia CCL podría ser tu arma secreta contra la desorganización.

¡Visita ninjalifehacks.tv para obtener imprimibles divertidos gratis!

CCL

www.ingramcontent.com/pod-product-compliance
Lightning Source LLC
Chambersburg PA
CBHW042026090426
42811CB00016B/1756